Inhalt

Biokunststoffe im Aufbruch - Raus aus der Marktnische!

Biokunststoffe im Aufbruch - Raus aus der Marktnische!

Autor GENIOS BranchenWissen: A.Schneider

Kernthesen

- Biokunststoffe basieren auf nachwachsenden Rohstoffen wie Mais oder Zuckerrüben. Sie gelten als Alternative zu Erdölprodukten und gewinnen angesichts der Diskussion um mehr Nachhaltigkeit im globalen Wirtschaften an Bedeutung.
- Noch stellen sie einen Nischenmarkt dar. Doch die langfristigen Wachstumsaussichten werden als hervorragend eingeschätzt. Bis 2020 soll ein jährliches Wachstum von 20 bis 25 Prozent erreichbar sein.
- Die Biokunststoffe bieten langfristige,

nachhaltige Perspektiven durch ihre gute Entsorgung und Recycelbarkeit, die Möglichkeit der zusätzlichen Energieerzeugung, ein hohes CO_2-Einsparpotenzial, neue Funktionalitäten und zusätzliche Profite in branchenübergreifenden Joint Ventures.

Beitrag

Biokunststoffe als Alternative zu Erdölprodukten verlassen allmählich ihr Nischendasein und erleben einen Nachfrageboom.

Mit den Klimaveränderungen hat der Aspekt der Nachhaltigkeit Einzug gehalten in die Umweltdiskussion. Viele Unternehmen haben es sich auf die Fahnen geschrieben, ihre Produkte künftig nachhaltiger zu entwickeln und zu produzieren. Unaufhaltsam anziehende Ölpreise und die wachsende CO_2-Problematik lassen das Interesse an agrarrohstoffbasierten Produkten steigen. Biogene Energien, Kraftstoffe und industrielle Produkte aus nachwachsenden Rohstoffen rücken zunehmend in den Fokus. In diesem Zusammenhang richtet sich der Blick von Wirtschaft, Politik und Verbraucher inzwischen auch auf die Biokunststoffe.

Was sind Biokunststoffe?

Traditionell werden Kunststoffe aus **Erdöl** hergestellt, genauer gesagt aus Derivaten, die aus der Raffinierung von Rohöl stammen. Diese petrochemischen Verfahren brauchen typischerweise hohe Temperaturen und/oder hohe Drücke. Damit geht ein hoher Energieverbrauch einher.Biokunststoffe dagegen basieren auf **nachwachsenden Rohstoffen** wie Stärke und Cellulose. Mögliche Ausgangspflanzen sind Mais, Zuckerrüben und Hölzer, aus denen Cellulose gewonnen werden kann. Sie werden in einem Bioraffinerieprozess zu einem chemischen Zwischenprodukt umgewandelt. Dies geschieht bei vergleichsweise niedrigeren Drücken und Temperaturen. Der biochemische Produktionsprozess verbraucht also entsprechend weniger Energie. (1)

Biologisch abbaubar durch Verrotten oder Verbrennen können beide Arten von Kunststoffen sein. Die Branche entwickelt zum einen vollständig abbaubare Kunststoffe, die auf Öl basieren, und zum anderen biologisch abbaubare Kunststoffe, die mit einem Anteil aus nachwachsenden Rohstoffen hergestellt werden. (2)

Als Rohstoffe, aus denen Biokunststoffe gefertigt werden, kommen zum Beispiel Stärke, Polymilchsäure und Cellulose zum Einsatz.

Stärke

wird aus Mais, Weizen, Kartoffeln und Tapioka (Asien) gewonnen. Ein stärkebasierter Biokunststoff ist z.B. MaterBi YI 01 U, ein Produkt des italienischen Herstellers Novamont, u.a. bestehend aus Stärke, Cellulosederivaten und speziellen Plastifizierern. MaterBi ist ein vornehmlich für die Spritzgießverarbeitung hergestelltes Produkt, aus dem Catering-Artikel, Verpackungsmaterial sowie Produkte für den Land- und Gartenbau gefertigt werden.Die **Polymilchsäure** (Polylactid, PLA) entsteht durch Polymerisation von Milchsäure. Aus dem durchsichtigen PLA und seinen PLA-Blends (Mischungen) werden in der Kunststoff verarbeitenden Industrie Folien, Formteile, Dosen, Becher, Flaschen etc. hergestellt. Vor allem für kurzlebige Verpackungsfolien oder Tiefziehprodukte (z.B. Getränke- oder Joghurtbecher, Obst-, Gemüse- und Fleischschalen) birgt der Rohstoff großes Potenzial. Polymilchsäure (Polyactid, PLA) ist der augenblicklich am stärksten nachgefragte

Biokunststoff. Ein auf Polymilchsäure basierendes Produkt ist z.B. Lacea H 100, hergestellt von der japanischen Firma Mitsui Toatsu Chemicals. Es ist ein glasklarer Biokunststoff, der durch direkte Polykondensation hergestellt wird und sich ebenfalls für die Spritzgießverarbeitung eignet. (3), [Abb.1]

Cellulose

wird beispielsweise aus Baumwolle oder Holz gewonnen. Jährlich werden etwa 1,3 Milliarden Tonnen Cellulose genutzt. Sie ist damit nach dem Holz weltweit der bedeutendste nachwachsende Rohstoff. Aus Cellulose wird Zellstoff gemacht, der wiederum die Basis ist für Papier, Pappe und Viskose. Cellulose-Kunststoffe sind das Celluloseacetat, Celluloid, Cellophan, Vulkanfiber, Cellulosenitrat, Cellulosepropionat und Celluloseacetobutyrat. Celluloid war übrigens der erste industriell gefertigte Biomassenkunststoff. Er wurde bereits 1869 von den Gebrüdern Hyatt in deren Fabrik hergestellt. Im Jahr 1923 startete dann die Massenproduktion von Cellulosehydrat bzw. Zellglas unter dem Markennamen Cellophan.

Wie sind die Marktaussichten für die Biopolymere?

Derzeit handelt es sich bei dem Markt für Biokunststoff noch um einen Nischenmarkt. Sein Anteil am weltweiten Gesamtkunststoffverbrauch von rund 225 Millionen Tonnen beträgt derzeit nur rund 0,1 Prozent. Doch seine Wachstumsaussichten werden als glänzend eingeschätzt.

Der Branchenverband European Bioplastics, Berlin, der 78 Unternehmen aus Agrarrohstoff-, Chemie- und Kunststoffindustrie sowie Lebensmittelproduzenten und Entsorger vertritt, prophezeit den Biokunststoffen jährliche Wachstumsraten von 20 bis 30 Prozent.
In Europa sollen bis Ende des Jahres 2010 insgesamt etwa 300 000 Tonnen Biopolymere eingesetzt werden, bis 2020 bereits zwei Millionen Tonnen. Auf Deutschland entfalle ein Anteil von etwa 20 Prozent. (4)

Das Bundesministerium für Ernährung, Landwirtschaft und Verbraucherschutz (BMELV) hat über die Fachagentur Nachwachsende Rohstoffe (FNR) die Erstellung der Studie Marktanalyse Nachwachsende Rohstoffe in Deutschland beauftragt. Seit Juni 2007 liegen die Ergebnisse öffentlich vor. Für Biokunststoffe werden jährliche Wachstumsraten von etwa 20 Prozent und bis 2020 ein Gesamtmarktvolumen in Deutschland von mehr als 1,5 Milliarden Euro Umsatz erwartet.

Die vom (deutschen) Umweltbundesamt an die Roland Berger Strategy Consultants vergebene Untersuchung Umweltpolitische Innovations- und Wachstumsmärkte aus Sicht der Unternehmen sieht eine ähnliche Marktentwicklung. Sie legt jährliche Wachstumsraten von durchschnittlich 25 Prozent bis zum Jahr 2010 und von 20 Prozent bis 2020 zugrunde. Ausgehend von einem geschätzten Weltmarkt von derzeit 600 Millionen Euro im Jahr 2005 bei einer Produktionskapazität von 250 000 t/a ergibt dies einen globalen Markt von ca. 1,8 Milliarden Euro in 2010 und 11 Milliarden Euro im Jahr 2020. (5)

Wo werden Biokunststoffe eingesetzt?

Das heutige Haupteinsatzfeld von Biokunststoffen liegt im **Verpackungsbereich**. Von den in Deutschland hergestellten Verpackungen entfallen jährlich rund 1,8 Millionen Tonnen auf kurzlebige oder Einmal-Kunststoffverpackungen wie Folien, Beutel und Tragetaschen. Diese könnten aus

Biokunststoffen gefertigt werden. In fast allen großen Handelsketten sind inzwischen kompostierbare Verpackungen im Regal zu finden. Vor allem kurzlebige Premium- oder Ökoprodukte wie ökologisch erzeugtes Obst, Gemüse und Frischfleisch werden darin verpackt. Energy und Beauty Drinks in PLA-Getränkeflaschen mit sogar kompostierbarem Verschluss sind im Handel erhältlich. (4)

Für die **Cateringbranche** werden die besonders kurzlebigen Produkte wie Einmalgeschirr und besteck, Trinkbecher, Schalen, Einwickelfolien für Hamburger oder Trinkhalme inzwischen bereits aus Biokunststoffen in beliebiger Farbe und Form erzeugt.Aber auch in der **Landwirtschaft, im Gartenbau (z.B. Mulchfolien, Pflanztöpfe) und in der Medizintechnik** werden Biokunststoffe eingesetzt. Gerade der pharmazeutische Bereich nutzt PLA bereits seit einiger Zeit sehr erfolgreich. Vom Körper resorbierbare Schrauben, Nägel, Implantate und Platten aus PLA werden zur Stabilisierung von Knochenbrüchen verwendet. Es gibt resorbierendes Nahtmaterial und Wirkstoffdepots aus PLA.Mit fortschreitenden Erfolgen in der Forschung und Entwicklung erobern sich die Biokunststoffe weitere Anwendungsgebiete. Die **Elektronikindustrie** arbeitet beispielsweise an umweltschonenden Bioplastikmaterialien für kurzlebige Consumer-Geräte mit hohem Entsorgungsbedarf. Auch im

Automobilbau werden immer mehr Kunststoffteile verwendet. Schon in den 40er-Jahren experimentierte Henry Ford mit Kunststoffen, die mit Naturfasern wie Soja oder Hanf gefüllt waren. Er entwickelte ein Sojabohnenauto und bewies damit die Machbarkeit eines Autos aus Kunststoffen, das eine Gewichtsersparnis von rund 50 Prozent ermöglichte. (1) 2005 wurden im Auto-Interieur rund 400 000 Tonnen Kunststoffe verwendet - ein stattlicher Zielmarkt für die Biokunststoffe, deren Anteil vor drei Jahren noch unter 10 Tonnen lag. [Abb.2]

Wo liegen derzeit die Nachteile und Risiken bei Biokunststoffen?

Erstens: Kosten

. Die Herstellungskosten für Biokunststoffe lagen bisher deutlich über denen der petrochemisch hergestellten Kunststoffe. Die Schere klaffte weit, solange Rohöl vergleichsweise günstig und die Produktionskapazitäten für petrochemische Produkte groß waren. Mit weiter steigendem Rohölpreis ändert sich das Bild zugunsten der Biokunststoffe. Und mit wachsender Nachfrage werden die

Produktionskapazitäten ausgeweitet werden, was die Kosten sinken lässt. In den letzten 25 Jahren konnte das Verhältnis der Produktionskosten für Biokunststoffe gegenüber petrochemischen Kunststoffen bereits von 35:1 auf 5:1 reduziert werden. (1)

Zweitens: Kapazitätsengpässe

. Biokunststoffe sind bisher ein Nischenmarkt. Die Produktionskapazitäten sind noch gering. Bei dem Biokunststoff PLA beispielsweise kam es bereits zu Kapazitätsengpässen. Allerdings wird es nicht lange dauern, bis weltweit größere Mengen produziert werden können. Etliche Hersteller haben die Ausweitung ihrer Produktionskapazitäten angekündigt.

Drittens: Schärferer Rohstoffwettbewerb und stärkere Preisschwankungen für nachwachsende Rohstoffe

. Nachwachsende Rohstoffe werden nicht nur von den Biokunststoffproduzenten nachgefragt. Vor allem auch der Biokraftstoffmarkt braucht große Mengen an Agrarrohstoffen. Biokraftstoffmarkt und Lebensmittelmarkt konkurrieren zunehmend um die gleichen Rohstoffe. Dies führt zu steigenden Preise für Agrarrohstoffe. Die Verbraucher spüren das: die Lebensmittelpreise sind gestiegen. Auch die Biokunststoffindustrie muss die teurer werdenden Agrarrohstoffe in Kauf nehmen und reagiert teilweise mit Preiserhöhungen.

Viertens: Unsichere Nachfrageentwicklung

. Zwar hat die Biokunststoffbranche im vergangenen Jahr ihren ersten Nachfrageboom erlebt, doch wie es mit der Nachfrageentwicklung weiter geht, ist mit vielen Fragezeichen behaftet. Regenerative Energien und Biokraftstoffe haben es da leichter. Ihnen hat die Politik durch ihre Fördermaßnahmen quasi einen garantierten Markt offeriert.

Wo liegen die Vorteile und Chancen?

Erstens: Entsorgung

. Kompostierbare Verpackungen auf Basis von Pflanzenstärke können vom Verbraucher einfach über die Biotonne in den natürlichen Rohstoffkreislauf zurückkehren und müssen nicht deponiert oder in Müllverbrennungsanlagen entsorgt werden.

Zweitens: Energieerzeugung und langlebige Anwendungen

. Die Branche hat sich zum Ziel gesetzt, wieder verwertbare Biokunststoffe herzustellen, die am Ende der Verwertungskette beim Verbrennen noch Energie erzeugen. Bisher konzentrierte sich die Biokunststoffindustrie auf kompostierbare Biokunststoffe, die vor allem für kurzlebige Anwendungen eingesetzt werden. Für die Zukunft sollen langlebige Anwendungen erschlossen werden: Es erscheint dabei sinnvoll, Agrarrohstoffe vorwiegend in Nutzungskaskaden anzuwenden, anstatt sie beispielsweise direkt im Ofen oder im Motor zu verbrennen. Dies hieße beispielsweise erst einen Biokunststoff aus Biomasse herzustellen: Etwa zwei bis drei Tonnen Biokunststoff kann je Hektar Agrarfläche geerntet werden. Dabei speichert der Biokunststoff CO_2 in Form von pflanzlichem Kohlenstoff und entfernt diesen aus der Atmosphäre. Sinnvoll wäre es, das CO_2 möglichst lange im Kunststoff einzusperren: Thermoplastische

Kunststoffe können prinzipiell gut rezykliert werden, das gilt auch für Biokunststoffe. Nach maximaler Nutzung kann der gebundene Kohlenstoff durch Verbrennung sei es als Kraftstoff oder Energieträger wieder in den Kreislauf der Natur in Form von CO_2 zurückgegeben werden. (5)

Drittens: CO2-Einsparpotenzial

. Biokunststoffe verbessern die Klimabilanz. Laut European Bioplastic liegt das CO_2-Einsparpotenzial von Kunststoffen bei durchschnittlich 20 bis 30 Prozent. (2)

Viertens: Mehrwert durch neue Funktionalitäten

. Der Elektronikhersteller NEC sieht beispielsweise den Ausweg aus der Kostenfalle durch neue Funktionalitäten wie Formgedächtnis und leichtes Recycling. Handys mit Formgedächtnis lassen sich unter leichter Wärmeeinwirkung (mit einem Fön, bei 60 Grad Celsius) beliebig verwinden und verbiegen - etwa am Handgelenk tragen oder auf der Tischplatte aufrecht stellen. Auf gleiche Weise kehren sie wieder in ihre ursprüngliche Form zurück. Außerdem schmilzt das Biomaterial oberhalb von 160 Grad

Celsius. Das vereinfacht das Recycling. (6)

Fünftens: Allianzen mit der Landwirtschaft und andere branchenübergreifende Joint Ventures

. So betreibt der Biokunststoffhersteller Novamont seine erste Biomasse-Raffinerie in Kooperation mit einer landwirtschaftlichen Erzeugergemeinschaft. Diese profitiert von der Höherwertigkeit des Kunststoffgeschäfts. Weitere Beispiele für Joint Ventures im Biokunststoffgeschäft sind Cargill und Dow (PLA), Metabolix und ADM (PHA), DuPont und Tate & Lyle (Bio- PDO) sowie Dow und Crystalsev (Bio-PE). (5)

Kann die Politik helfen?

Nicht nur die Verbraucher sondern auch die Politik wünscht sich nachhaltige Produkte und Industrien. Das Beispiel der Erneuerbaren Energien zeigt, dass gesetzliche Reglementierungen neuen Branchen durchaus auf die Beine helfen können. Langfristig müssen sie dann allerdings alleine laufen können.

Auch den Biokunststoffen und biologisch abbaubaren Werkstoffen will der Gesetzgeber auf die Sprünge helfen. Mit der dritten Novellierung der Verpackungsverordnung vom 27. Mai 2005 wurde eine besondere Ausnahmeregelung für biologisch abbaubare Werkstoffe eingeführt.

Die Bundesregierung hat einen Kabinettsbeschluss zur Verpackungsverordnung gefasst, wonach Getränkeflaschen aus Biokunststoffen von der Pfandpflicht befreit werden. Die Pfandbefreiung gilt gemäß dem Beschluss dann, wenn die Kunststoffflasche zu mindestens 75 Prozent aus nachwachsenden Rohstoffen besteht (§16 II Abs. 3 bis 5 VerpackV) und sich die Verpackungshersteller an einem flächendeckenden Entsorgungssystem beteiligen (§6 VerpackV). Durch die bis 2010 befristete Befreiung kann der notwendige und kostenintensive Aufbau von Sortier- und Recyclingsystemen für Biokunststoffflaschen zu einem späteren Zeitpunkt erfolgen. In der Verpackungsverordnung gilt bereits eine bis Ende 2012 befristete und weitreichende Privilegierung zertifiziert kompostierbarer Biokunststoffverpackungen (§16 II Abs. 1 bis 2).

Fazit

Die fortschreitende Entwicklung der Biokunststoffe

kann in den nächsten zehn Jahren einen wichtigen Beitrag leisten, um zu einer nachhaltigeren Art der Produktion von kurz- und langlebigen Wirtschaftsgütern zu gelangen.

Fallbeispiele

BASF

kündigte im April den Ausbau der Produktionskapazitäten für seine Biokunststoffe Ecoflex und Ecovio für Ende 2010 an. Beide werden zur Herstellung von Tragetaschen, Biomüllbeuteln und Folien eingesetzt.Der Nudelhersteller **Birkel** hat begonnen, Zellulosefolien für eine Pasta-Produktreihe einzusetzen.Nachdem die ersten biobasierten Getränkeflaschen noch mit einem Deckel aus PE auskommen mussten, wurden von der deutschen Drogeriekette **Ihr Platz** erstmals PLA-Flaschen mit einem Deckel aus dem kompostierbaren Stärkewerkstoff MaterBi vorgestellt. Darin abgefüllt sind stille Wasser und kohlensäurearme Wellnessgetränke.

Biotec

stellt ein Kunststoff-Ökogranulat her, das aus eigens dafür angebauten Kartoffeln gewonnen wird und aus dem Einkauftüten hergestellt werden. (2)

DuPont Packaging and Industrial Polymers

, Wilmington (USA), und die australische **Plantic Technologies** wollen gemeinsam Kunststoffgranulate sowie Folien entwickeln und vertreiben, die mit der Plantic-Technologie auf Basis von Maisstärke mit hohem Amylosegehalt hergestellt werden. Als mögliche Anwendungen gelten Transportverpackungen für den Handel sowie Verschlüsse und Behälter für Körperpflege- und Lebensmittel. Die von Plantic eingesetzte Stärke wird aus einer speziellen hybriden Maisart gewonnen. (7)

Alesco

hat kompostierbare Coex-Folien, Beutel und Säcke auf Basis nachwachsender Rohstoffe im Programm. Das verwendete Granulat basiert auf nachwachsenden Rohstoffen, dadurch kann die Folie am Ende ihres Produktlebens über die Biotonne in den natürlichen Rohstoffkreislauf zurückkehren und muss nicht deponiert oder verbrannt werden. (4) Der japanische Elektronikkonzern **NEC** will bis 2010 in 10 Prozent aller seiner Geräte Bioplastik mit Kenaf (Hanfeibisch) nutzen Die Fasern des Kenafs nutzt der japanische NEC-Konzern, um Bioplastik auf Milchsäurebasis biegesteifer und hitzebeständiger zu machen. (6)

DuPont

entwickelt Produkte auf der Basis von Bio-PDO, einem auf biochemischem Weg aus Maisstärke gewonnenem Propandiol. Die Herstellung von Bio-PDO erfordert rund 40 Prozent weniger Energie und erzeugt 20 Prozent weniger Treibhausgase als die seines petrochemischen Pendants. Die erste von DuPont und Tate & Lyle in Loudon, TN/USA, errichtete Anlage zur industriellen Produktion ist bereits in Betrieb gegangen. Bio-PDO bildet die Grundlage für verschiedene Kunststoffe und Fasern, darunter Sorona und Hytrel aus nachwachsenden Rohstoffen, die DuPont noch in diesem Jahr kommerzialisieren wird. Sorona eignet sich einigen Bereichen des Kfz als Alternative zu PBT. Weitere Einsatzgebiete sind elektrische und elektronische Systeme sowie Industrie- und Konsumgüter. Zu den

Anwendungsgebieten von Hyrtel zählen beispielsweise Schläuche und Rohre im Automobilbau und für allgemeine Industrieanwendungen, blasgeformte Achsmanschetten für Kfz-Antriebswellen, spritzgegossene Teile wie Airbag-Abdeckungen sowie Dämpfungselemente. (1)

Sainsburys

, die Nummer zwei des britischen Lebensmitteleinzelhandels will bis zu 500 Produktlinien auf kompostierbare Biokunststoffprodukte umstellen und damit bis zu 5 000 Tonnen fossile Kunststoffe einsparen. England setzt europaweit am meisten Bioverpackungen im Handel ein.

Zahlen & Fakten

Übersicht über Hersteller und produzierte Biowerkstoffe

Hersteller	Polymertyp	Markenname	Region
Biobasierte, kompostierbare Materialien mit einem Anteil von mindestens 50% nachwachsender Rohstoffen			
Innovia Films	Cellulose	Nature-Flex	EU
Mirel (ADM-Metabolix)	PHA		Amerika
Kaneka	PHA	-	EU
Tianan	PHA	Enmat	Asien
PHB Industrial	PHA	Biocycle	Amerika
Harbin Weilida Pharmaceuticals	PLA	-	Asien
Mitsui Chemicals	PLA	Lacea	Asien
NatureWorks	PLA	NatureWorksPLA	Amerika
Toray	PLA	-	Asien
Toyota	PLA	Eco Plastic U'z	Asien
Cereplast	PLA, Stärke	Cereplast	Amerika
Biop	Stärkeblend	Biopar, Bioparen	EU
Biostarch	Stärkeblend	-	USA
Biotec	Stärkeblend	Bioplast, Biopflex	EU
Limagrain	Stärkeblend	Biolice	EU
Novamont	Stärkeblend	MaterBi, OrigoBi	EU
Plantic	Stärkeblend	Plantic	Australien
Rodenburg	Stärkeblend	Solanyl	EU
Clarifoil	Zellulosediacetat	-	EU
Synthetische, biologisch abbaubare/kompostierbare Materialien			
BASF	Copolyester	Ecoflex	EU
Mitsubishi Chemicals	PLA	GS-PLA	Asien
Showa High Power	Polyester	Bionolle	Asien
diverse Hersteller	Polyvinylalkohol	-	-
Biobasierte, nicht biologisch abbaubare/kompostierbare Materialien			
Braskem	Polyethylen	-	Südamerika
Dow-Crystalsev	Polyethylen	-	Südamerika
Arkema	Polyamid	Rilsan	EU
diverse Hersteller	Zellulose-Acetat	-	weltweit
Monomere aus nachwachsenden Rohstoffen, die in vielen Kunststoffen nutzbar sind			
DuPont / Tate & Lyle	Propandiol	Bio-PDO	USA
Solvay	Epichlorhydron	-	Asien

GBI-Gerbs Grafik

Quelle: European Bioplastics

Entnommen aus: Biokunststoffe. Marktpotenzial mit Risiken, Kunststoffe 10/2007, S. 154

21

Übersicht über das Marktpotenzial von Biowerkstoffen in Deutschland (FNR-Studie)

Marktpotenzial von Biowerkstoffen in Deutschland

Segmente / Deskriptoren	Verpackungen / Lebensmittel-industrie	Mulchfolien & Pflanztöpfe / Garten- & Landschaftsbau	Dauerhafte Produkte / Konsumgüter-industrie	Interieur / Automobilindustrie
Gesamtmarktgröße im Jahr 2005 in t	• 3,5 Mio. t Kunststoff-verpackungen • davon 1,8 Mio. t kurzlebige Produkte	• 230.000 t Gesamtmarkt Landwirtschaft (Kunststoffe) • davon ca. 30.000 t bes. geeignet für Substitution (bgfS)	• 1,8-2,7 Mio. t Kunststoffe Konsumgüter	• 800.000 t Gesamtmenge Kunststoffe in Fahrzeugen • ca. 400.000 t Kunststoffe im Auto-Interieur*
Bio-Polymere Marktgröße in t	• 2005: < 15.000 t • 2010: 110.000 t (5 % der kurzlebigen Verpackungen) • 2020: 520.000 t (20 % der kurzlebigen Verpackungen)	• 2005: < 100 t (mehrere Produkte in Markteinführung) • 2010: 3.500 t (10 % bgfS) • 2020: 13.000 t (30 % bgfS)	• 2005: < 100 t • 2010: 24.000 t (ca. 1 % des Gesamtmarktes) • 2020: 290.000 t (ca. 10 % des Gesamtmarktes)	• 2005: < 10 t • 2010: 48.000 t (ca. 10 % der Kunststoffe im Auto-Interieur) • 2020: 230.000 t (ca. 40 % der Kunststoffe im Auto-Interieur)
Bio-Polymere Marktgröße in t	• 2005: < 45 Mio. EUR • 2010: 165 Mio. EUR • 2020: 780 Mio. EUR	• 2005: < 300.000 EUR • 2010: 5 Mio. EUR • 2020: 20 Mio. EUR	• 2005: < 300.000 EUR • 2010: 35 Mio. EUR • 2020: 440 Mio. EUR	• 2005: < 30.000 EUR • 2010: 72 Mio. EUR • 2020: 350 Mio. EUR
Bio-Polymer-Marktwachstum in % p.a.	• 2005-2010: > 30 % • 2010-2020: ca. 16 %	• 2005-2010: > 70 % • 2010-2020: ca. 15 %	• 2005-2010: > 160 % • 2010-2020: ca. 29 %	• 2005-2010: > 380 % • 2010-2020: ca. 17 %
Absatz- u. Einkommenspotenzial für dt. Land- & Forstwirtschaft	• 2005: 23.000 t • 2010: 200.000 t • 2020: 940.000 t Weizenstärke	• 2005: < 200 t • 2010: 6.500 t • 2020: 25.000 t Weizenstärke	• 2005: < 200 t • 2010: 46.000 t • 2020: 520.000 t Weizenstärke	• 2005: < 20 t • 2010: 86.000 t • 2020: 415.000 t Weizenstärke

Bei den Preisabschätzungen wurde stets der Granulatpreis angesetzt, nicht der Endproduktpreis.

Annahmen: Durchschnittlicher Bio-Polymere-Preis 2005: 3 EUR/kg, 2010/2020 1,50 EUR/kg

* Grobe Schätzung: Kunststoff-Anteil ca. 50 % vom Volumen der Kunststoffe in Fahrzeugen

GB-IGenios Grafik

Quelle: Fachagentur Nachwachsende Rohstoffe (FNR)

Entnommen aus: Biokunststoffe. Marktpotenzial mit Risiken, Kunststoffe 10/2007, S. 152

Weiterführende Literatur

(1) Auf dem Weg in den Markt
aus Kunststoffe - Werkstoffe, Verarbeitung, Anwendung, Heft 8/2007, S. 149-151

(2) Aus Kartoffel mach Kunststoff
aus Handelsblatt Nr. 084 vom 30.04.08 Seite b05

(3) Verträglichkeit von Polymilchsäure mit MaterBi
aus Kunststoffe - Werkstoffe, Verarbeitung, Anwendung, Heft 6/2007, S. 90-92

(4) Bio ist auch bei der Verpackung "in"
aus VDI NR. 16 VOM 18.04.2008 SEITE 13

(5) Biokunststoffe
aus Kunststoffe - Werkstoffe, Verarbeitung, Anwendung, Heft 10/2007, S. 149-158

(6) Bioplastik mit Formgedächtnis
aus VDI NR. 05 VOM 01.02.2008 SEITE 10

(7) DuPont und Plantic vereinbaren Zusammenarbeit bei stärkebasierten Biokunststoffen für Verpackungsanwendungen
aus Chemie.DE News

Impressum

Biokunststoffe im Aufbruch - Raus aus der Marktnische!

Bibliografische Information der deutschen Nationalbibliothek

Die Deutsche Nationalbibliothek verzeichnet diese Publikation in der deutschen Nationalbibliografie; detaillierte bibliografische Daten sind im Internet über http://dnb.d-nb.de abrufbar.

ISBN: 978-3-7379-2243-2

© 2015 GBI-Genios Deutsche Wirtschaftsdatenbank GmbH, Freischützstraße 96, 81927 München, www.genios.de

oder ähnliche Einrichtungen und die Einspeicherung und Verarbeitung in elektronischen Systemen.